COSAS QUE SE MUEVEN

EN EL CAMINO

Un libro de Las Raíces de Crabtree

CRABTREE Publishing Company
www.crabtreebooks.com

CHRISTINA EARLEY
Traducción de Pablo de la Vega

Apoyos de la escuela a los hogares para cuidadores y maestros

Este libro ayuda a los niños en su desarrollo al permitirles practicar la lectura. Abajo están algunas preguntas guía para ayudar al lector a fortalecer sus habilidades de comprensión. En rojo hay algunas opciones de respuesta.

Antes de leer:

- ¿De qué pienso que trata este libro?
    - *Pienso que este libro es sobre los vehículos que se mueven por caminos.*
    - *Pienso que este libro es sobre los tipos de cosas que vemos usualmente en una carretera o una calle.*
- ¿Qué quiero aprender sobre este tema?
    - *Quiero aprender sobre los tipos de vehículos que se mueven por caminos.*
    - *Quiero aprender sobre los diferentes tipos de cosas que se mueven en una carretera.*

Durante la lectura:

- Me pregunto por qué...
    - *Me pregunto por qué los automóviles se mueven por caminos.*
    - *Me pregunto por qué los caminos tienen distintos tipos de vehículos.*
- ¿Qué he aprendido hasta ahora?
    - *Aprendí que las motocicletas se mueven por caminos.*
    - *Aprendí que los autobuses se mueven por caminos.*

Después de leer:

- ¿Qué detalles aprendí de este tema?
    - *Aprendí que muchos tipos de vehículos se mueven por caminos.*
    - *Aprendí que los vehículos de camino tienen ruedas.*
- Lee el libro una vez más y busca las palabras del vocabulario.
    - *Veo la palabra* ***camión*** *en la página 6 y la palabra* ***motocicleta*** *en la página 9. Las demás palabras del vocabulario están en la página 14.*

¿Qué hay en
el **camino**?

Veo un **automóvil**.

Veo un **camión**.

Veo una **motocicleta**.

Veo un **autobús**.

SCHOOL BUS
STOP

Muchos vehículos se mueven por los caminos.

Lista de palabras

Palabras de uso común

automóvil	los	se
el	muchos	un
en	por	una
hay	qué	veo

Palabras para conocer

autobús

automóvil

camino

camión

motocicleta

24 palabras

¿Qué hay en el **camino**?

Veo un **automóvil**.

Veo un **camión**.

Veo una **motocicleta**.

Veo un **autobús**.

Muchos vehículos se mueven por los caminos.

CRABTREE Publishing Company

Written by: Christina Earley
Designed by: Rhea Wallace
Series Development: James Earley
Proofreader: Melissa Boyce
Educational Consultant:
Marie Lemke M.Ed.
Translation to Spanish:
Pablo de la Vega
Spanish-language layout and proofread: Base Tres
Print and production coordinator:
Katherine Berti

COSAS QUE SE MUEVEN

EN EL CAMINO

Photographs:
Shutterstock: Andrey Armyagov: cover, p. 1; gary lighnter: p. 3, 14; Piyawat Nandeen Apparit: p. 5, 14; Vitpho: p. 7, 14; Alexander Kirch: p. 8, 14; Stuart Monk: p. 11, 14; Anna Kraynova: p. 12-13

Library and Archives Canada Cataloguing in Publication
Title: En el camino / Christina Earley ; traducción de Pablo de la Vega.
Other titles: On the road. Spanish
Names: Earley, Christina, author. | Vega, Pablo de la, translator.
Description: Series statement: Cosas que se mueven | Translation of: On the road. | "Un libro de las raíces de Crabtree". | Text in Spanish.
Identifiers: Canadiana (print) 20210231181 | Canadiana (ebook) 2021023119X | ISBN 9781039616660 (hardcover) | ISBN 9781039616714 (softcover) | ISBN 9781039616769 (HTML) | ISBN 9781039616813 (EPUB) | ISBN 9781039616868 (read-along ebook)
Subjects: LCSH: Motor vehicles—Juvenile literature.
Classification: LCC TL147 .E27518 2022 | DDC j629.222—dc23

Library of Congress Cataloging-in-Publication Data
Names: Earley, Christina, author. | Vega, Pablo de la, translator.
Title: En el camino / Christina Earley ; traducción de Pablo de la Vega.
Other titles: On the road. Spanish
Description: New York, NY : Crabtree Publishing Company, [2022] | Series: Cosas que se mueven - un libro de las raíces de Crabtree | Title from cover.
Identifiers: LCCN 2021024002 (print) | LCCN 2021024003 (ebook) | ISBN 9781039616660 (hardcover) | ISBN 9781039616714 (paperback) | ISBN 9781039616769 (ebook) | ISBN 9781039616813 (epub) | ISBN 9781039616868
Subjects: LCSH: Roads--Juvenile literature.
Classification: LCC HE333 .E2718 2022 (print) | LCC HE333 (ebook) | DDC 388.3/1--dc23
LC record available at https://lccn.loc.gov/2021024002
LC ebook record available at https://lccn.loc.gov/2021024003

Crabtree Publishing Company
www.crabtreebooks.com 1-800-387-7650

Printed in the U.S.A./072021/CG20210514

Published in the United States
Crabtree Publishing
347 Fifth Avenue, Suite 1402-145
New York, NY, 10016

Published in Canada
Crabtree Publishing
616 Welland Ave.
St. Catharines, ON, L2M 5V6